Todos los libros de Linkgua Ediciones cuentan con modelos de Inteligencia Artificial entrenados por hispanistas. Pregúntale al chat de tu libro lo que desees acerca de la obra o su autor/a.

Para ebooks: Accede a nuestro modelo de IA a través de este enlace.

Para libros impresos: Escanea el código QR de la portada con tu dispositivo móvil.

Obtén análisis detallados de nuestros libros, resúmenes, respuestas a tus preguntas y accede a nuestras ediciones críticas generativas para una experiencia de lectura más enriquecedora.
La transparencia y el respeto hacia la autoría de las fuentes utilizadas son distintivos básicos de nuestro proyecto. Por ello, las respuestas ofrecen, mediante un sistema de citas, las fuentes con las que han sido elaboradas.

Autores Varios

Constitución
de los Estados Unidos de América

Barcelona 2024
Linkgua-ediciones.com

Créditos

Título original: Constitución de los Estados Unidos.

© 2024, Red ediciones S.L.

e-mail: info@linkgua.com

Diseño de la colección: Michel Mallard.

ISBN rústica ilustrada: 978-84-9953-914-0.
ISBN ebook: 978-84-9953-913-3.

Sumario

Brevísima presentación

La *Constitución de los Estados Unidos de América* es la ley suprema de ese país. Fue adoptada en su forma original el 17 de septiembre de 1787 por la Convención Constitucional de Filadelfia (Pensilvania) y luego ratificada por el pueblo en convenciones en cada estado en el nombre de «Nosotros el Pueblo» (We the People). Esta Constitución tiene un lugar central en el derecho y la cultura política estadounidense y es la constitución federal más antigua que se encuentra en vigor actualmente en el mundo. Fue firmada por George Washington y William Jackson, como presidente y secretario respectivamente junto con los delegados de los distintos estados. Entre los elementos que la distinguen cabe destacar que:

1. Contiene las leyes fundamentales de la nación. Establece la forma del gobierno nacional y define los derechos y libertades del pueblo estadounidense. Expone también los objetivos del gobierno nacional y los métodos para alcanzarlos. Antes de ella, los dirigentes de la nación habían concertado una alianza entre los estados bajo los Artículos de la Confederación. Sin embargo, el Congreso creado por los Artículos carecía de autoridad para hacer que los estados actuasen en forma conjunta para la resolución de los problemas nacionales

2. Se compone de un preámbulo, siete artículos y 27 enmiendas. En ella se establece un sistema federal por medio de la división de poderes entre el gobierno federal y los gobiernos estatales. Se instituye también un gobierno federal equilibrado, separando los poderes entre tres ramas independientes: la ejecutiva, la legislativa y la judicial. La rama ejecutiva, el Presidente, hace que las leyes nacionales sean cumplidas; la rama legislativa, el Congreso, ela-

bora las leyes nacionales; y la rama judicial, la Corte Suprema y otros tribunales federales, aplica e interpreta las leyes cuando resuelve las disputas legales en los tribunales federales.

Constitución de los Estados Unidos de América, 1787

NOSOTROS, el Pueblo de los Estados Unidos, a fin de formar una Unión más perfecta, establecer Justicia, afirmar la tranquilidad interior, proveer la Defensa común, promover el bienestar general y asegurar para nosotros mismos y para nuestros descendientes los beneficios de la Libertad, estatuimos y sancionamos esta CONSTITUCIÓN para los Estados Unidos de América.

Artículo 1

Primera sección

Todos los poderes legislativos otorgados en la presente Constitución corresponderán a un Congreso de los Estados Unidos, que se compondrá de un Senado y una Cámara de Representantes.

Segunda sección

1. La Cámara de Representantes estará formada por miembros elegidos cada dos años por los habitantes de los diversos Estados, y los electores deberán poseer en cada Estado las condiciones requeridas para los electores de la rama más numerosa de la legislatura local.

2. No será representante ninguna persona que no haya cumplido veinticinco años de edad y sido ciudadano de los Estados

Unidos durante siete años, y que no sea habitante del Estado en el cual se le designe, al tiempo de la elección.

3. (Los representantes y los impuestos directos se prorratearán entre los distintos Estados que formen parte de esta Unión, de acuerdo con su población respectiva, la cual se determinará sumando al número total de personas libres, inclusive las obligadas a prestar servicios durante cierto término de años y excluyendo a los indios no sujetos al pago de contribuciones, las tres quintas partes de todas las personas restantes). El recuento deberá hacerse efectivamente dentro de los tres años siguientes a la primera sesión del Congreso de los Estados Unidos y en lo sucesivo cada diez años, en la forma que dicho cuerpo disponga por medio de una ley. El número de representantes no excederá de uno por cada 30 mil habitantes con tal que cada Estado cuente con un representante cuando menos; y hasta que se efectúe dicho recuento, el Estado de Nueva Hampshire tendrá derecho a elegir tres; Massachusetts, ocho; Rhode Island y las Plantaciones de Providence, uno; Connecticut, cinco; Nueva York, seis; Nueva Jersey, cuatro; Pennsylvania, ocho; Delaware, uno; Maryland seis; Virginia, diez; Carolina del Norte, cinco; Carolina del Sur, cinco y Georgia, tres.

4. Cuando ocurran vacantes en la representación de cualquier Estado, la autoridad ejecutiva del mismo expedirá un decreto en que se convocará a elecciones con el objeto de llenarlas.

5. La Cámara de Representantes elegirá su presidente y demás funcionarios y será la única facultada para declarar que hay lugar a proceder en los casos de responsabilidades oficiales.

Tercera sección

1. El Senado de los EE.UU. se compondrá de dos Senadores por cada Estado, elegidos por seis años por la legislatura del mismo, y cada Senador dispondrá de un voto.

2. Tan pronto como se hayan reunido a virtud de la elección inicial, se dividirán en tres grupos tan iguales como sea posible. Las actas de los senadores del primer grupo quedarán vacantes al terminar el segundo año; las del segundo grupo, al expirar el cuarto año y las del tercer grupo, al concluir el sexto año, de tal manera que sea factible elegir una tercera parte cada dos años, y si ocurren vacantes, por renuncia u otra causa, durante el receso de la legislatura de algún Estado, el Ejecutivo de éste podrá hacer designaciones provisionales hasta el siguiente período de sesiones de la legislatura, la que procederá a cubrir dichas vacantes.

3. No será senador ninguna persona que no haya cumplido treinta años de edad y sido ciudadano de los Estados Unidos durante nueve años y que, al tiempo de la elección, no sea habitante del Estado por parte del cual fue designado.

4. El Vicepresidente de los EE.UU. será presidente del Senado, pero no tendrá voto sino en el caso de empate.

5. El Senado elegirá a sus demás funcionarios, así como un presidente pro tempore, que fungirá en ausencia del Vicepresidente o cuando éste se halle desempeñando la presidencia de los Estados Unidos.

6. El Senado poseerá derecho exclusivo de juzgar sobre todas las acusaciones por responsabilidades oficiales. Cuando se reú-

na con este objeto, sus miembros deberán prestar un juramento o protesta. Cuando se juzgue al Presidente de los EE.UU deberá presidir el del Tribunal Supremo. Y a ninguna persona se le condenará si no concurre el voto de dos tercios de los miembros presentes.

7. En los casos de responsabilidades oficiales, el alcance de la sentencia no irá más allá de la destitución del cargo y la inhabilitación para ocupar y disfrutar cualquier empleo honorífico, de confianza o remunerado, de los Estados Unidos; pero el individuo condenado quedará sujeto, no obstante, a que se le acuse, enjuicie, juzgue y castigue con arreglo a derecho.

Cuarta sección

1. Los lugares, épocas y modo de celebrar las elecciones para senadores y representantes se prescribirán en cada Estado por la legislatura respectiva pero el Congreso podrá formular o alterar las reglas de referencia en cualquier tiempo por medio de una ley, excepto en lo tocante a los lugares de elección de los senadores.

2. El Congreso se reunirá una vez al año, y esta reunión será el primer lunes de diciembre, a no ser que por ley se fije otro día.

Quinta sección

1. Cada Cámara calificará las elecciones, los informes sobre escrutinios y la capacidad legal de sus respectivos miembros, y una mayoría de cada una constituirá el quórum necesario para deliberar; pero un número menor puede suspender las sesiones de un día para otro y estará autorizado para compeler a los miembros

ausentes a que asistan, del modo y bajo las penas que determine cada Cámara.

2. Cada Cámara puede elaborar su reglamento interior, castigar a sus miembros cuando se conduzcan indebidamente y expulsarlos de su seno con el asentimiento de las dos terceras partes.

3. Cada Cámara llevará un diario de sus sesiones y lo publicará de tiempo en tiempo a excepción de aquellas partes que a su juicio exijan reserva, y los votos afirmativos y negativos de sus miembros con respecto a cualquier cuestión se harán constar en el diario, a petición de la quinta parte de los presentes.

4. Durante el período de sesiones del Congreso ninguna de las Cámaras puede suspenderlas por más de tres días ni acordar que se celebrarán en lugar diverso de aquel en que se reúnen ambas Cámaras sin el consentimiento de la otra.

Sexta sección

1. Los senadores y representantes recibirán por sus servicios una remuneración que será fijada por la ley y pagada por el tesoro de los EE.UU. En todos los casos, exceptuando los de traición, delito grave y perturbación del orden público, gozarán del privilegio de no ser arrestados durante el tiempo que asistan a las sesiones de sus respectivas Cámaras, así como al ir a ellas o regresar de las mismas, y no podrán ser objeto en ningún otro sitio de inquisición alguna con motivo de cualquier discusión o debate en una de las Cámaras.

2. A ningún senador ni representante se le nombrará, durante el tiempo por el cual haya sido elegido, para ocupar cualquier em-

pleo civil que dependa de los Estados Unidos, que haya sido creado o cuyos emolumentos hayan sido aumentados durante dicho tiempo, y ninguna persona que ocupe un cargo de los Estados Unidos podrá formar parte de las Cámaras mientras continúe en funciones.

Séptima sección

1. Todo proyecto de ley que tenga por objeto la obtención de ingresos deberá proceder primeramente de la Cámara de Representantes; pero el Senado podrá proponer reformas o convenir en ellas de la misma manera que tratándose de otros proyectos.

2. Todo proyecto aprobado por la Cámara de Representantes y el Senado se presentará al Presidente de los Estados Unidos antes de que se convierta en ley; si lo aprobare lo firmará; en caso contrario lo devolverá, junto con sus objeciones, a la Cámara de su origen, la que insertará íntegras las objeciones en su diario y procederá a reconsiderarlo. Si después de dicho nuevo examen las dos terceras partes de esa Cámara se pusieren de acuerdo en aprobar el proyecto, se remitirá, acompañado de las objeciones, a la otra Cámara, por la cual será estudiado también nuevamente y, si lo aprobaren los dos tercios de dicha Cámara, se convertirá en ley. Pero en todos los casos de que se habla, la votación de ambas Cámaras será nominal y los nombres de las personas que voten en pro o en contra del proyecto se asentarán en el diario de la Cámara que corresponda. Si algún proyecto no fuera devuelto por el Presidente dentro de 10 días (descontando los domingos) después de haberle sido presentado, se convertirá en ley, de la misma manera que si lo hubiera firmado, a menos de que al suspender el Congreso sus sesiones impidiera su devolución, en cuyo caso no será ley.

3. Toda orden, resolución o votación para la cual sea necesaria la concurrencia del Senado y la Cámara de Representantes (salvo en materia de suspensión de las sesiones), se presentará al Presidente de los Estados Unidos y no tendrá efecto antes de ser aprobada por el o de ser aprobada nuevamente por dos tercios del Senado y de la Cámara de Representantes, en el caso de que la rechazare, de conformidad con las reglas y limitaciones prescritas en el caso de un proyecto de ley.

Octava sección

1. El Congreso tendrá facultad: Para establecer y recaudar contribuciones, impuestos, derechos y consumos; para pagar las deudas y proveer a la defensa común y bienestar general de los Estados Unidos; pero todos los derechos, impuestos y consumos serán uniformes en todos los Estados Unidos.

2. Para contraer empréstitos a cargo de créditos de los Estados Unidos.

3. Para reglamentar el comercio con las naciones extranjeras, entre los diferentes Estados y con las tribus indias.

4. Para establecer un régimen uniforme de naturalización y leyes uniformes en materia de quiebra en todos los Estados Unidos.

5. Para acuñar monedas y determinar su valor, así como el de la moneda extranjera. Fijar los patrones de las pesas y medidas.

6. Para proveer lo necesario al castigo de quienes falsifiquen los títulos y la moneda corriente de los Estados Unidos.

7. Para establecer oficinas de correos y caminos de posta.

8. Para fomentar el progreso de la ciencia y las artes útiles, asegurando a los autores e inventores, por un tiempo limitado, el derecho exclusivo sobre sus respectivos escritos y descubrimientos.

9. Para crear tribunales inferiores al Tribunal Supremo.

10. Para definir y castigar la piratería y otros delitos graves cometidos en alta mar y violaciones al derecho internacional.

11. Para declarar la guerra, otorgar patentes de corso y represalias y para dictar reglas con relación a las presas de mar y tierra.

12. Para reclutar y sostener ejércitos, pero ninguna autorización presupuestaria de fondos que tengan ese destino será por un plazo superior a dos años.

13. Para habilitar y mantener una armada.

14. Para dictar reglas para el gobierno y ordenanza de las fuerzas navales y terrestres.

15. Para disponer cuando debe convocarse a la milicia nacional con el fin de hacer cumplir las leyes de la Unión, sofocar las insurrecciones y rechazar las invasiones.

16. Para proveer lo necesario para organizar, armar y disciplinar a la milicia nacional y para gobernar aquella parte de esta que se utilice en servicio de los Estados Unidos; reservándose a los Estados correspondientes el nombramiento de los oficiales y

la facultad de instruir conforme a la disciplina prescrita por el Congreso.

17. Para legislar en forma exclusiva en todo lo referente al Distrito (que no podrá ser mayor que un cuadrado de 10 millas por lado) que se convierta en sede del gobierno de los Estados Unidos, como consecuencia de la cesión de algunos Estados en que se encuentren situados, para la construcción de fuertes, almacenes, arsenales, astilleros y otros edificios necesarios.

18. Para expedir todas las leyes que sean necesarias y convenientes para llevar a efecto los poderes anteriores y todos los demás que esta Constitución confiere al gobierno de los Estados Unidos o cualquiera de sus departamentos o funcionarios.

Novena sección

1. El Congreso no podrá prohibir antes del año de mil ochocientos ocho la inmigración o importación de las personas que cualquiera de los Estados ahora existentes estime oportuno admitir, pero puede imponer sobre dicha importación una contribución o derecho que no pase de 10 dólares por cada persona.

2. El privilegio del habeas corpus no se suspenderá, salvo cuando la seguridad pública lo exija en los casos de rebelión o invasión.

3. No se aplicarán decretos de proscripción ni leyes ex post facto.

4. No se establecerá ningún impuesto directo ni de capitación, como no sea proporcionalmente al censo o recuento que antes se ordeno practicar.

5. Ningún impuesto o derecho se establecerá sobre los artículos que se exporten de cualquier Estado.

6. Los puertos de un Estado no gozarán de preferencia sobre los de ningún otro a virtud de reglamentación alguna mercantil o fiscal; tampoco las embarcaciones que se dirijan a un Estado o procedan de él estarán obligadas a ingresar por algún otro, despachar en el sus documentos o cubrirle derechos.

7. Ninguna cantidad podrá extraerse del tesoro si no es como consecuencia de asignaciones autorizadas por la ley, y de tiempo en tiempo deberá publicarse un estado y cuenta ordenados de los ingresos y gastos del tesoro.

8. Los Estados Unidos no concederán ningún título de nobleza y ninguna persona que ocupe un empleo remunerado u honorífico que dependa de ellos aceptará ningún regalo, emolumento, empleo o título, sea de la clase que fuere, de cualquier monarca, príncipe o Estado extranjero, sin consentimiento del Congreso.

Décima sección

1. Ningún Estado celebrará tratado, alianza o confederación algunos; otorgará patentes de corso y represalias; acuñara moneda, emitirá papel moneda, legalizará cualquier cosa que no sea la moneda de oro y plata como medio de pago de las deudas; aprobará decretos por los que se castigue a determinadas personas sin que preceda juicio ante los tribunales, leyes ex post facto o leyes que menoscaben las obligaciones que derivan de los contratos, ni concederá título alguno de nobleza.

2. Sin el consentimiento del Congreso ningún Estado podrá imponer derechos sobre los artículos importados o exportados, cumplir sus leyes de inspección, y el producto neto de todos los derechos e impuestos que establezcan los Estados sobre las importaciones y exportaciones se aplicará en provecho del tesoro de los Estados Unidos; y todas las leyes de que se trata estarán sujetas a la revisión y vigilancia del Congreso.

3. Sin dicho consentimiento del Congreso ningún Estado podrá establecer derechos de tonelaje, mantener tropas o navíos de guerra en tiempo de paz, celebrar convenio o pacto alguno con otro Estado o con una potencia extranjera, o hacer la guerra, a menos de ser invadido realmente o de hallarse en peligro tan inminente que no admita demora.

Artículo 2

Primera sección

1. Se deposita el poder ejecutivo en un Presidente de los Estados

Unidos. Desempeñara su encargo durante un término de cuatro años y, juntamente con el Vicepresidente designado para el mismo período, será elegido como sigue:

2. Cada Estado nombrará, del modo que su legislatura disponga, un número de electores igual al total de los senadores y representantes a que el Estado tenga derecho en el Congreso, pero ningún senador, ni representante, ni persona que ocupe un empleo honorífico o remunerado de los Estado Unidos podrá ser designado como elector.

(Los electores se reunirán en sus respectivos Estados y votarán mediante cédulas en favor de dos personas, una de las cuales, cuando menos, no deberá ser habitante del mismo Estado que ellos. Formarán una lista de todas las personas que hayan obtenido sufragios y del número de votos correspondientes a cada una, la cual, firmarán, certificarán y remitirán sellada a la Sede del Gobierno de los Estados Unidos, dirigida al Presidente del Senado. El Presidente del Senado abrirá todos los certificados en presencia del Senado y de la Cámara de Representantes, después de lo cual se contarán los votos. La persona que obtenga el número mayor de votos será Presidente, siempre que dicho número represente la mayoría de todos los electores nombrados, y si hubiere más de uno que tenga esa mayoría y que cuente con igual número de votos, entonces la Cámara de Representantes elegirá a uno de ellos inmediatamente para Presidente, votando por cédulas, y si ninguna persona tuviere mayoría entonces la referida Cámara elegirá al Presidente de la misma manera entre los cinco nombres con mayor número de votos en la lista. Téngase presente que al elegir al Presidente la votación se hará por Estados y que la representación de cada Estado gozará de un voto; que para este objeto habrá quórum cuando estén presentes el miembro o los miembros que representen a los dos tercios de los Estados y que será necesaria mayoría de todos los Estados para que se tenga por hecha la elección. En todos los casos, y una vez elegido el Presidente, la persona que reúna mayor número de votos de los electores será Vicepresidente. Pero si quedaren dos o más con el mismo número de votos, el Senado escogerá de entre ellos al Vicepresidente, votando por células). (Ver Enmienda XII)

3. El Congreso podrá fijar la época de designación de los electores, así como el día en que deberán emitir sus votos, el cual deberá ser el mismo en todos los Estados Unidos.

4. Solo las personas que sean ciudadanos por nacimiento o que hayan sido ciudadanos de los Estados Unidos al tiempo de adoptarse esta Constitución, serán elegibles para el cargo de Presidente; tampoco será elegible una persona que no haya cumplido treinta y cinco años de edad y que no haya residido catorce años en los Estados Unidos.

5. En caso de que el Presidente sea separado de su puesto, de que muera, renuncie o se incapacite para dar cumplimiento a los poderes y deberes del referido cargo, este pasará al Vicepresidente y el Congreso podrá prever por medio de una ley el caso de separación, muerte, renuncia o incapacidad, tanto del Presidente como del Vicepresidente, y declarar que funcionario fungirá como Presidente hasta que desaparezca la causa de incapacidad o se elija un Presidente.

6. El Presidente recibirá una remuneración por sus servicios, en las épocas que se determinarán, la cual no podrá ser aumentada ni disminuida durante el período para el cual haya sido designado y no podrá recibir durante ese tiempo ningún otro emolumento de parte de los Estados Unidos o de cualquiera de estos.

7. Antes de entrar a desempeñar su cargo prestará el siguiente juramento o protesta: «Juro (o protesto) solemnemente que desempeñaré legalmente el cargo de Presidente de los Estados Unidos y que sostendré, protegeré y defenderé la Constitución de los Estados Unidos, empleando en ello el máximo de mis facultades».

Segunda sección

1. El Presidente será comandante en jefe del ejercito y la marina de los Estados Unidos y de la milicia de los diversos Estados cuando se la llame al servicio activo de los Estados Unidos; podrá solicitar la opinión por escrito del funcionario principal de cada uno de los departamentos administrativos con relación a cualquier asunto que se relacione con los deberes de sus respectivos empleos, y estará facultado para suspender la ejecución de las sentencias y para conceder indultos tratándose de delitos contra los Estados Unidos, excepto en los casos de acusación por responsabilidades oficiales.

2. Tendrá facultad, con el consejo y consentimiento del Senado, para celebrar tratados, con tal de que den su anuencia dos tercios de los senadores presentes, y propondrá y, con el consejo y sentimiento del Senado, nombrará a los embajadores, los demás ministros públicos y los cónsules, los magistrados del Tribunal Supremo y a todos los demás funcionarios de los Estados Unidos a cuya designación no provea este documento en otra forma y que hayan sido establecidos por ley. Pero el Congreso podrá atribuir el nombramiento de los funcionarios inferiores que considere convenientes, por medio de una ley, al Presidente solo, a los tribunales judiciales o a los jefes de los departamentos.

3. El Presidente tendrá el derecho de cubrir todas las vacantes que ocurran durante el receso del Senado, extendiendo nombramientos provisionales que terminarán al final del siguiente período de sesiones.

Tercera sección

Periódicamente deberá proporcionar al Congreso informes sobre el estado de la Unión, recomendando a su consideración las medidas que estime necesarias y oportunas; en ocasiones de carácter extraordinario podrá convocar a ambas Cámaras o a cualquiera de ellas, y en el supuesto de que discrepen en cuanto a la fecha en que deban entrar en receso, podrá suspender sus sesiones, fijándoles para que las reanuden la fecha que considere conveniente; recibirá a los embajadores y otros ministros públicos; cuidará de que las leyes se ejecuten puntualmente y extenderá los despachos de todos los funcionarios de los Estados Unidos.

Cuarta sección

El Presidente, el Vicepresidente y todos los funcionarios civiles de los Estados Unidos serán separados de sus puestos al ser acusados y declarados culpables de traición, cohecho u otros delitos y faltas graves.

Artículo 3

Primera sección

1. Se depositará el poder judicial de los Estados Unidos en un Tribunal Supremo y en los tribunales inferiores que el Congreso instituya y establezca en lo sucesivo. Los jueces, tanto del Tribunal Supremo como de los inferiores, continuarán en sus funciones mientras observen buena conducta y recibirán en periodos fijos, una remuneración por sus servicios que no será disminuida durante el tiempo de su encargo.

Segunda sección

1. El Poder Judicial entenderá en todas las controversias, tanto de derecho escrito como de equidad, que surjan como consecuencia de esta Constitución, de las leyes de los Estados Unidos y de los tratados celebrados o que se celebren bajo su autoridad; en todas las controversias que se relacionen con embajadores, otros ministros públicos y cónsules; en todas las controversias de la jurisdicción de almirantazgo y marítima; en las controversias en que sean parte los Estados Unidos; en las controversias entre dos o más Estados, entre un Estado y los ciudadanos de otro, entre ciudadanos de Estados diferentes, entre ciudadanos del mismo Estado que reclamen tierras en virtud de concesiones de diferentes Estados y entre un Estado o los ciudadanos del mismo y Estados, ciudadanos o súbditos extranjeros.

2. En todos los casos relativos a embajadores, otros ministros públicos y cónsules, así como en aquellos en que sea parte un Estado, el Tribunal Supremo poseerá jurisdicción en única instancia. En todos los demás casos que antes se mencionaron el Tribunal Supremo conocerá en apelación, tanto del derecho como de los hechos, con las excepciones y con arreglo a la reglamentación que formule el Congreso.

3. Todos los delitos serán juzgados por medio de un jurado excepto en los casos de acusación por responsabilidades oficiales, y el juicio de que se habla tendrá lugar en el Estado en que el delito se haya cometido; pero cuando no se haya cometido dentro de los límites de ningún Estado, el juicio se celebrará en el lugar o lugares que el Congreso haya dispuesto por medio de una ley.

Tercera sección

La traición contra los Estados Unidos solo consistirá en hacer la guerra en su contra o en unirse a sus enemigos, impartiéndoles ayuda y protección. A ninguna persona se le condenará por traición si no es sobre la base de la declaración de los testigos que hayan presenciado el mismo acto perpetrado abiertamente o de una confesión en sesión pública de un tribunal.

2. El Congreso estará facultado para fijar la pena que corresponda a la traición; pero ninguna sentencia por causa de traición podrá privar del derecho de heredar o de transmitir bienes por herencia, ni producirá la confiscación de sus bienes más que en vida de la persona condenada.

Artículo 4

Primera sección

Se dará entera fe y crédito en cada Estado a los actos públicos, registros y procedimientos judiciales de todos los demás. Y el Congreso podrá prescribir, mediante leyes generales, la forma en que dichos actos, registros y procedimientos se probarán y el efecto que producirán.

Segunda sección

1. Los ciudadanos de cada Estado tendrán derecho en los demás a todos los privilegios e inmunidades de los ciudadanos de estos.

2. La persona acusada en cualquier Estado por traición, delito grave u otro crimen, que huya de la justicia y fuere hallada en otro Estado, será entregada, al solicitarlo así la autoridad ejecu-

tiva del Estado del que se haya fugado, con el objeto de que sea conducida al Estado que posea jurisdicción sobre el delito.

3. Las personas obligadas a servir o laborar en un Estado, con arreglo a las leyes de éste, que escapen a otros, no quedarán liberadas de dichos servicios o trabajo a consecuencia de cualesquiera leyes o reglamentos del segundo, sino que serán entregadas al reclamarlo la parte interesada a quien se deba tal servicio o trabajo.

Tercera sección

1. El Congreso podrá admitir nuevos Estados a la Unión, pero ningún nuevo Estado podrá formarse o erigirse dentro de los límites de otro Estado, ni un Estado constituirse mediante la reunión de dos o más Estados o partes de Estados, sin el consentimiento de las legislaturas de los Estados en cuestión, así como del Congreso.

2. El Congreso tendrá facultad para ejecutar actos de disposición y para formular todos los reglamentos y reglas que sean precisos con respecto a las tierras y otros bienes que pertenezcan a los Estados Unidos, y nada de lo que esta Constitución contiene se interpretará en un sentido que cause perjuicio a los derechos aducidos por los Estados Unidos o por cualquier Estado individual.

Cuarta sección

Los Estados Unidos garantizarán a todo Estado comprendido en esta Unión una forma republicana de gobierno y protegerán a cada uno en contra de invasiones, así como contra los disturbios internos, cuando lo soliciten la legislatura o el ejecutivo (en caso de que no fuese posible reunir a la legislatura).

Artículo 5

Siempre que las dos terceras partes de ambas Cámaras lo juzguen necesario, el Congreso propondrá enmiendas a esta Constitución, o bien, a solicitud de las legislaturas de los dos tercios de los distintos Estados, convocará una convención con el objeto de que proponga enmiendas, las cuales, en uno y otro caso, poseerán la misma validez que si fueran parte de esta Constitución, desde todos los puntos de vista y para cualesquiera fines, una vez que hayan sido ratificadas por las legislaturas de las tres cuartas partes de los Estados separadamente o por medio de convenciones reunidas en tres cuartos de los mismos, según que el Congreso haya propuesto uno u otro modo de hacer la ratificación, y a condición de que antes del año de mil ochocientos ocho no podrá hacerse ninguna enmienda que modifique en cualquier forma las cláusulas primera y cuarta de la **Sección** novena del **Artículo** primero y de que a ningún Estado se le privará, sin su consentimiento, de la igualdad de voto en el Senado.

Artículo 6

1. Todas las deudas contraídas y los compromisos adquiridos antes de la adopción de esta Constitución serán tan válidos en contra de los Estados Unidos bajo el imperio de esta Constitución, como bajo el de la Confederación.

2. Esta Constitución, y las leyes de los Estados Unidos que se expidan con arreglo a ella, y todos los tratados celebrados o que se celebren bajo la autoridad de los Estados Unidos, serán la suprema ley del país y los jueces de cada Estado estarán obligados a observarlos, a pesar de cualquier cosa en contrario que se encuentre en la Constitución o las leyes de cualquier Estado.

3. Los Senadores y representantes ya mencionados, los miembros de las distintas legislaturas locales y todos los funcionarios ejecutivos y judiciales, tanto de los Estados Unidos como de los diversos Estados, se obligarán mediante juramento o protesta a sostener esta Constitución; pero nunca se exigirá una declaración religiosa como condición para ocupar ningún empleo o mandato público de los Estados Unidos.

Artículo 7

La ratificación por las convenciones de nueve Estados bastará para que esta Constitución entre en vigor por lo que respecta a los Estados que la ratifiquen. Dado en la convención, por consentimiento unánime de los Estados presentes, el día 17 de septiembre del año de Nuestro Señor de mil setecientos ochenta y siete y duodécimo de la Independencia de los Estados Unidos de América.

Enmiendas

Las diez primeras enmiendas (*Bill of Rights*) fueron ratificadas efectivamente en diciembre 15, 1791.

Enmienda I

El Congreso no hará ley alguna por la que adopte una religión como oficial del Estado o se prohiba practicarla libremente, o que coarte la libertad de palabra o de imprenta, o el derecho del pueblo para reunirse pacíficamente y para pedir al gobierno la reparación de agravios.

Enmienda II

Siendo necesaria una milicia bien ordenada para la seguridad de un Estado Libre, no se violará el derecho del pueblo a poseer y portar armas.

Enmienda III

En tiempo de paz a ningún militar se le alojará en casa alguna sin el consentimiento del propietario; ni en tiempo de guerra, como no sea en la forma que prescriba la ley.

Enmienda IV

El derecho de los habitantes de que sus personas, domicilios, papeles y efectos se hallen a salvo de pesquisas y aprehensiones arbitrarias, será inviolable, y no se expedirán al efecto mandamientos que no se apoyen en un motivo verosímil, estén corroborados mediante juramento o protesta y describan con particularidad el lugar que deba ser registrado y las personas o cosas que han de ser detenidas o embargadas.

Enmienda V

Nadie estará obligado a responder de un delito castigado con la pena capital o con otra infamante si un gran jurado no lo denuncia o acusa, a excepción de los casos que se presenten en las fuerzas de mar o tierra o en la milicia nacional cuando se encuentre en servicio efectivo en tiempo de guerra o peligro público; tampoco se pondrá a persona alguna dos veces en peligro de perder la vida o algún miembro con motivo del mismo delito; ni se le compelerá a declarar contra sí misma en ningún juicio criminal; ni se le privará de la vida, la libertad o la propiedad sin el debido proceso legal; ni se ocupará la propiedad privada para uso público sin una justa indemnización.

Enmienda VI

En toda causa criminal, el acusado gozará del derecho de ser juzgado rápidamente y en público por un jurado imparcial del distrito y Estado en que el delito se haya cometido, Distrito que deberá haber sido determinado previamente por la ley; así como de que se le haga saber la naturaleza y causa de la acusación, de que se le caree con los testigos que depongan en su contra, de que se obligue a comparecer a los testigos que le favorezcan y de contar con la ayuda de un abogado que lo defienda.

Enmienda VII

El derecho a que se ventilen ante un jurado los juicios de derecho consuetudinario en que el valor que se discuta exceda de veinte dólares, será garantizado, y ningún hecho de que haya conocido un jurado será objeto de nuevo examen en tribunal alguno de los Estados Unidos, como no sea con arreglo a las normas del derecho consuetudinario.

Enmienda VIII

No se exigirán fianzas excesivas, ni se impondrán multas excesivas, ni se infligirán penas crueles y desusadas.

Enmienda XI

No por el hecho de que la Constitución enumera ciertos derechos ha de entenderse que niega o menosprecia otros que retiene el pueblo.

Enmienda X

Los poderes que la Constitución no delega a los Estados Unidos ni prohíbe a los Estados, queda reservados a los Estados receptivamente o al pueblo.

Enmienda XI

(febrero 7, 1795)

El poder judicial de los Estados Unidos no debe interpretarse que se extiende a cualquier litigio de derecho estricto o de equidad que se inicie o prosiga contra uno de los Estados Unidos por ciudadanos de otro Estado o por ciudadanos o súbditos de cualquier Estado extranjero.

Enmienda XII

(junio 15, 1804)

Los electores se reunirán en sus respectivos Estados y votarán mediante cédulas para Presidente y Vicepresidente, uno de los cuales, cuando menos, no deberá ser habitante del mismo Estado que ellos; en sus cédulas indicarán la persona a favor de la cual votan para Presidente y en cédulas diferentes la persona que eligen para Vicepresidente, y formarán listas separadas de todas las personas que reciban votos para Presidente y de todas las personas a cuyo favor se vote para Vicepresidente y del número de votos que corresponda a cada una, y firmarán y certificarán las referidas listas y las remitirán selladas a la sede de gobierno de los Estados Unidos, dirigidas al presidente del Senado; el Presidente del Senado abrirá todos los certificados en presencia del Senado y de la Cámara de Representantes, después de lo cual se contarán los votos; la persona que tenga el mayor número de votos para Presidente será Presidente, siempre que dicho número represente la mayoría de todos los electores nombrados, y si ninguna persona tiene mayoría, entonces la Cámara de Representantes, votando por cédulas, escogerá inmediatamente el Presidente de entre las tres personas que figuren en la lista de quienes han recibido sufragio para Presidente y cuenten con más votos. Téngase presente que al elegir al Presidente la votación se hará por Estados y que la representación de cada Estado gozará de un voto; que para este objeto habrá quórum cuando estén presentes el miembro o los miembros que representen a los dos tercios de los Estados y que será necesaria mayoría de todos los Estados para que se tenga por hecha la elección. Y si la Cámara de Representantes no eligiere Presidente, en los casos en que pase a ella el derecho de escogerlo, antes del día cuatro de marzo inmediato siguiente, entonces el Vicepresidente actuará como Presidente, de la misma manera que en el caso de muerte o de otro impedimento constitucional del Presidente. La persona que obtenga el mayor número de votos para Vicepresidente será Vicepresidente, siempre que dicho número represente la mayoría de todos los electores nombrados, y si ninguna persona reúne la mayoría, entonces el Senado escogerá al Vicepresidente entre las dos con mayor cantidad de votos que figuran en la lista; para este objeto habrá quórum con las dos terceras partes del número total de senadores y será necesaria la mayoría del número total para que la elección se tenga por hecha.

Pero ninguna persona inelegible para el cargo de Presidente con arreglo a la Constitución será elegible para el de Vicepresidente de los Estados Unidos.

Enmienda XIII
(diciembre 6, 1865)

1. Ni en los Estados Unidos ni en ningún lugar sujeto a su jurisdicción habrá esclavitud ni trabajo forzado, excepto como castigo de un delito del que el responsable haya quedado debidamente convicto.

2. El Congreso estará facultado para hacer cumplir este **Artículo** por medio de leyes apropiadas.

Enmienda XIV
(julio 9, 1868)

1. Todas las personas nacidas o naturalizadas en los Estados Unidos y sometidas a su jurisdicción son ciudadanos de los Estados Unidos y de los Estados en que residen. Ningún Estado podrá dictar ni dar efecto a cualquier ley que limite los privilegios o inmunidades de los ciudadanos de los Estados Unidos; tampoco podrá Estado alguno privar a cualquier persona de la vida, la libertad o la propiedad sin el debido proceso legal; ni negar a cualquier persona que se encuentre dentro de sus límites jurisdiccionales la protección de las leyes, igual para todos.

2. Los representantes se distribuirán proporcionalmente entre los diversos Estados de acuerdo con su población respectiva, en la que se tomará en cuenta el número total de personas que haya en cada Estado, con excepción de los indios que no paguen contribuciones. Pero cuando a los habitantes varones de un Estado que tengan veintiún años de edad y sean ciudadanos de los Estados Unidos se les niegue o se les coarte en la forma que sea el derecho de votar en cualquier elección en que se trate de escoger a los electores para Presidente y Vicepresidente de los Estados Unidos, a los representantes del Congreso, a los funcionarios ejecutivos y

judiciales de un Estado o a los miembros de su legislatura, excepto con motivo de su participación en una rebelión o en algún otro delito, la base de la representación de dicho Estado se reducirá en la misma proporción en que se halle el número de los ciudadanos varones a que se hace referencia, con el número total de ciudadanos varones de veintiún años del repetido Estado.

3. Las personas que habiendo prestado juramento previamente en calidad de miembros del Congreso, o de funcionarios de los Estados Unidos, o de miembros de cualquier legislatura local, o como funcionarios ejecutivos o judiciales de cualquier Estado, de que sostendrían la Constitución de los Estados Unidos, hubieran participado de una insurrección o rebelión en contra de ella o proporcionando ayuda o protección a sus enemigos no podrán ser senadores o representantes en el Congreso, ni electores del Presidente o Vicepresidente, ni ocupar ningún empleo civil o militar que dependa de los Estados Unidos o de alguno de los Estados. Pero el Congreso puede derogar tal interdicción por el voto de los dos tercios de cada Cámara.

4. La validez de la deuda pública de los Estados Unidos que este autorizada por la ley, inclusive las deudas contraídas para el pago de pensiones y recompensas por servicios prestados al sofocar insurrecciones o rebeliones, será incuestionable. Pero ni los Estados Unidos ni ningún Estado asumirán ni pagarán deuda u obligación alguna contraídas para ayuda de insurrecciones o rebeliones contra los Estados Unidos, como tampoco reclamación alguna con motivo de la pérdida o emancipación de esclavos, pues todas las deudas, obligaciones y reclamaciones de esa especie se considerarán ilegales y nulas.

5. El Congreso tendrá facultades para hacer cumplir las disposiciones de este **Artículo** por medio de leyes apropiadas.

Enmienda XV

(febrero 3, 1870)

1. Ni los Estados Unidos, ni ningún otro Estado, podrán desconocer ni menoscabar el derecho de sufragio de los ciudadanos de los Estados Unidos por motivo de raza, color o de su condición anterior de esclavos.

2. El Congreso estará facultado para hacer cumplir este **Artículo** mediante leyes apropiadas.

Enmienda XVI

(febrero 3, 1913)

El Congreso tendrá facultades para establecer y recaudar impuestos sobre los ingresos, sea cual fuere la fuente de que provengan, sin prorratearlos entre los diferentes Estados y sin atender a ningún censo o recuento.

Enmienda XVII

(abril 8, 1913)

1. El Senado de los Estados Unidos se compondrá de dos senadores por cada Estado, elegidos por los habitantes del mismo por seis años, y cada senador dispondrá de un voto. Los electores de

cada Estado deberán poseer las condiciones requeridas para los electores de la rama más numerosa de la legislatura local.

2. Cuando ocurran vacantes en la representación de cualquier Estado en el Senado, la autoridad ejecutiva de aquel expedirá un decreto en que convocará a elecciones con el objeto de cubrir dichas vacantes, en la inteligencia de que la legislatura de cualquier Estado puede autorizar a su Ejecutivo a hacer un nombramiento provisional hasta tanto que las vacantes se cubran mediante elecciones populares en la forma que disponga la legislatura.

3. No deberá entenderse que esta enmienda influye sobre la elección o período de cualquier senador elegido antes de que adquiera validez como parte integrante de la Constitución.

Enmienda XVIII
(enero 16, 1919)

1. Un año después de la ratificación de este **Artículo** quedará prohibida por el presente la fabricación, venta o transporte de licores embriagantes dentro de los Estados Unidos y de todos los territorios sometidos a su jurisdicción, así como su importación a los mismos o su exportación de ellos, con el propósito de usarlos como bebidas.

2. El Congreso y los diversos Estados poseerán facultades concurrentes para hacer cumplir este **Artículo** mediante leyes apropiadas.

3. Este **Artículo** no entrara en vigor a menos de que sea ratificado con el carácter de enmienda a la Constitución por las legislaturas

de los distintos Estados en la forma prevista por la Constitución y dentro de los siete años siguientes a la fecha en que el Congreso lo someta a los Estados.

Enmienda XIX
(agosto 18, 1920)

1. El derecho de sufragio de los ciudadanos de los Estados Unidos no será desconocido ni limitado por los Estados Unidos o por Estado alguno por razón de sexo.

2. El Congreso estará facultado para hacer cumplir este **Artículo** por medio de leyes apropiadas.

Enmienda XX
(enero 23, 1933)

1. Los períodos del Presidente y el Vicepresidente terminarán al medio día del veinte de enero y los períodos de los senadores y representantes al medio día del tres de enero, de los años en que dichos períodos habrían terminado si este **Artículo** no hubiera sido ratificado, y en ese momento principiarán los períodos de sus sucesores.

2. El Congreso se reunirá, cuando menos, una vez cada año y dicho período de sesiones se iniciará al mediodía del tres de enero, a no ser que por medio de una ley fije una fecha diferente.

3. Si el Presidente electo hubiera muerto en el momento fijado para el comienzo del período presidencial, el Vicepresidente elec-

to será Presidente. Si antes del momento fijado para el comienzo de su período no se hubiere elegido Presidente o si el Presidente electo no llenare los requisitos exigidos, entonces el Vicepresidente electo fungirá como Presidente electo hasta que haya un Presidente idóneo, y el Congreso podrá prever por medio de una ley el caso de que ni el Presidente electo ni el Vicepresidente electo satisfagan los requisitos constitucionales, declarando quien hará las veces de Presidente en ese supuesto o la forma en que se escogerá a la persona que habrá de actuar como tal, y la referida persona actuará con ese carácter hasta que se cuente con un Presidente o un Vicepresidente que reúna las condiciones legales.

4. El Congreso podrá prever mediante una ley el caso de que muera cualquiera de las personas de las cuales la Cámara de Representantes está facultada para elegir Presidente cuando le corresponda el derecho de elección, así como el caso de que muera alguna de las personas entre las cuales el Senado está facultado para escoger Vicepresidente cuando pasa a él el derecho de elegir.

5. Las secciones 1 y 2 entrarán en vigor el día quince de octubre siguiente a la ratificación de este **Artículo**.

6. Este **Artículo** quedará sin efecto a menos de que sea ratificado como enmienda a la Constitución por las legislaturas de las tres cuartas partes de los distintos Estados, dentro de los siete años posteriores a la fecha en que se les someta.

Enmienda XXI
(diciembre 5, 1933)

1. Queda derogado por el presente el decimoctavo de los artículos de enmienda a la Constitución de los Estados Unidos.

2. Se prohibe por el presente que se transporte o importen licores embriagantes a cualquier Estado, Territorio o posesión de los Estados Unidos, para ser entregados o utilizados en su interior con violación de sus respectivas leyes.

3. Este **Artículo** quedará sin efecto a menos de que sea ratificado como enmienda a la Constitución por convenciones que se celebrarán en los diversos Estados, en la forma prevista por la Constitución, dentro de los siete años siguientes a la fecha en que el Congreso lo someta a los Estados.

Enmienda XXII
(febrero 27, 1951)

1. No se elegirá a la misma persona para el cargo de Presidente más de dos veces, ni más de una vez a la persona que haya desempeñado dicho cargo o que haya actuado como Presidente durante más de dos años de un período para el que se haya elegido como Presidente a otra persona. El presente **Artículo** no se aplicará a la persona que ocupaba el puesto de Presidente cuando el mismo se propuso por el Congreso, ni impedirá que la persona que desempeñe dicho cargo o que actúe como Presidente durante el período en que el repetido **Artículo** entre en vigor, desempeñe el puesto de Presidente o actúe como tal durante el resto del referido período.

2. Este **Artículo** quedará sin efecto a menos de que las legislaturas de tres cuartas partes de los diversos Estados lo ratifiquen

como enmienda a la Constitución dentro de los siete años siguientes a la fecha en que el Congreso los someta a los Estados.

Enmienda XXIII
(marzo 29, 1961)

1. El distrito que constituye la Sede del Gobierno de los Estados Unidos nombrará, según disponga el Congreso:
Un número de electores para elegir al Presidente y al Vicepresidente, igual al número total de Senadores y Representantes ante el Congreso al que el Distrito tendría derecho si fuere un Estado, pero en ningún caso será dicho número mayor que el del Estado de menos población; estos electores se sumarán al número de aquellos electores nombrados por los Estados, pero para fines de la elección del Presidente y del Vicepresidente, serán considerados como electores nombrados por un Estado; celebrarán sus reuniones en el Distrito y cumplirán con los deberes que se estipulan en la Enmienda XII.

2. El Congreso queda facultado para poner en vigor este **Artículo** por medio de legislación adecuada.

Enmienda XXIV
(enero 23, 1964)

1. Ni los Estados Unidos ni ningún Estado podrán denegar o coartar a los ciudadanos de los Estados Unidos el derecho al sufragio en cualquier elección primaria o de otra clase para Presidente o Vicepresidente, para electores para elegir al Presidente o al Vicepresidente o para Senador o Representante ante el Con-

greso, por motivo de no haber pagado un impuesto electoral o cualquier otro impuesto.

2. El Congreso queda facultado para poner en vigor este **Artículo** por medio de legislación adecuada.

Enmienda XXV
(febrero 10, 1967)

1. En caso de que el Presidente sea depuesto de su cargo, o en caso de su muerte o renuncia, el Vicepresidente será nombrado Presidente.

2. Cuando el puesto de Vicepresidente estuviera vacante, el Presidente nombrará un Vicepresidente que tomará posesión de su cargo al ser confirmado por voto mayoritario de ambas Cámaras del Congreso.

3. Cuando el Presidente transmitiera al Presidente pro tempore del Senado y al Presidente de Debates de la Cámara de Diputados su declaración escrita de que está imposibilitado de desempeñar los derechos y deberes de su cargo, y mientras no transmitiere a ellos una declaración escrita en sentido contrario, tales derechos y deberes serán desempeñados por el Vicepresidente como Presidente en funciones.

4. Cuando el Vicepresidente y la mayoría de los principales funcionarios de los departamentos ejecutivos o de cualquier otro cuerpo que el Congreso autorizara por ley trasmitieran al Presidente pro tempore del Senado y al Presidente de Debates de la Cámara de Diputados su declaración escrita de que el Presidente

esta imposibilitado de ejercer los derechos y deberes de su cargo, el Vicepresidente inmediatamente asumirá los derechos y deberes del cargo como Presidente en funciones.

Por consiguiente, cuando el Presidente transmitiera al Presidente pro tempore del Senado y al Presidente de Debates de la Cámara de Diputados su declaración escrita de que no existe imposibilidad alguna, asumirá de nuevo los derechos y deberes de su cargo, a menos que el Vicepresidente y la mayoría de los funcionarios principales de los departamentos ejecutivos o de cualquier otro cuerpo que el Congreso haya autorizado por ley transmitieran en el término de cuatro días al Presidente pro tempore del Senado y al Presidente de Debates de la Cámara de Diputados su declaración escrita de que el Presidente está imposibilitado de ejercer los derechos y deberes de su cargo. Luego entonces, el Congreso decidirá que solución debe adoptarse, para lo cual se reunirá en el término de cuarenta y ocho horas, si no estuviera en sesión. Si el Congreso, en el término de veintiún días de recibida la ulterior declaración escrita o, de no estar en sesión, dentro de los veintiún días de haber sido convocado a reunirse, determinará por voto de las dos terceras partes de ambas Cámaras que el Presidente está imposibilitado de ejercer los derechos y deberes de su cargo, el Vicepresidente continuará desempeñando el cargo como Presidente Actuante; de lo contrario, el Presidente asumirá de nuevo los derechos y deberes de su cargo.

Enmienda XXVI

(julio 1, 1971)

1. El derecho a votar de los ciudadanos de los Estado Unidos, de dieciocho años de edad o más, no será negado o menguado ni por los Estados Unidos ni por ningún Estado a causa de la edad.

2. El Congreso tendrá poder para hacer valer este **Artículo** mediante la legislación adecuada.

Libros a la carta

A la carta es un servicio especializado para
empresas,
librerías,
bibliotecas,
editoriales
y centros de enseñanza;
y permite confeccionar libros que, por su formato y concepción,
sirven a los propósitos más específicos de estas instituciones.
Las empresas nos encargan ediciones personalizadas para marketing editorial o para regalos institucionales. Y los interesados solicitan, a título personal, ediciones antiguas, o no disponibles en el mercado; y las acompañan con notas y comentarios críticos.
Las ediciones tienen como apoyo un libro de estilo con todo tipo de referencias sobre los criterios de tratamiento tipográfico aplicados a nuestros libros que puede ser consultado en Linkgua-ediciones.com.
Linkgua edita por encargo diferentes versiones de una misma obra con distintos tratamientos ortotipográficos (actualizaciones de carácter divulgativo de un clásico, o versiones estrictamente fieles a la edición original de referencia).
Este servicio de ediciones a la carta le permitirá, si usted se dedica a la enseñanza, tener una forma de hacer pública su interpretación de un texto y, sobre una versión digitalizada «base», usted podrá introducir interpretaciones del texto fuente. Es un tópico que los profesores denuncien en clase los desmanes de una edición, o vayan comentando errores de interpretación de un texto y esta es una solución útil a esa necesidad del mundo académico.
Asimismo publicamos de manera sistemática, en un mismo catálogo, tesis doctorales y actas de congresos académicos, que son distribuidas a través de nuestra Web.

El servicio de «libros a la carta» funciona de dos formas.

1. Tenemos un fondo de libros digitalizados que usted puede personalizar en tiradas de al menos cinco ejemplares. Estas personalizaciones pueden ser de todo tipo: añadir notas de clase para uso de un grupo de estudiantes, introducir logos corporativos para uso con fines de marketing empresarial, etc. etc.

2. Buscamos libros descatalogados de otras editoriales y los reeditamos en tiradas cortas a petición de un cliente.